***»Der Quittenbaum …
gleicht der Schlauheit,
die manchmal unnütz ist,
manchmal nützlich.
Aber sein Holz und seine
Blätter sind nicht sehr
nützlich zum Gebrauch des
Menschen. Hingegen ist
die Frucht warm und trocken
und hat eine gute Mischung
in sich. Gekocht oder
gebraten ist sie für den
Kranken und Gesunden
bekömmlich …«***

*Hildegard von Bingen
(1098–1179)*

QUITTEN

von
Barbara Baumann

Seite 2: Gesunder Quittensaft (Rezept Seite 44)

Trotz gewissenhafter Bearbeitung kann eine Haftung für den Inhalt nicht übernommen werden. Für aktuelle Ergänzungen und Anregungen ist der Verlag jederzeit dankbar.
Wir bedanken uns bei allen, die uns unterstützt haben.

Impressum

Gerichtsweg 28, 04103 Leipzig
Tel.: 0341 / 493574-0, Fax: 0341 / 493574-40
www.buchverlag-leipzig.de

Bildnachweis: Seite 128
Gestaltung und Satz: Christiane Dunkel-Koberg, Lübeck
Druck: Druckhaus Gera
Bindearbeiten: Müller Buchbinderei GmbH, Leipzig
Printed in Germany

1. Auflage 2023
ISBN 978-3-89798-664-0

Inhalt

Es ist Quittenzeit!

Wenn sich das Gartenjahr langsam dem Ende zuneigt, wartet die Natur noch einmal mit einer ganz besonderen Köstlichkeit auf: der Quitte. Lange Zeit fristete die späteste Obstsorte des Jahres ein Schattendasein und wurde kulinarisch recht vernachlässigt. Auch mich hatten Quitten lange Zeit nicht sehr interessiert. Meine erste Begegnung mit den eigenwilligen Früchtchen hatte ich vor etlichen Jahren in einem Obsthof in Werder. Die leuchtend gelben Schönheiten strahlten mit der Herbstsonne um die Wette. Dazu kam dieser herrliche Duft, dem ich einfach nicht widerstehen konnte und so landeten einige Kilogramm frisch geernteter Früchte in meinem Korb. Seitdem sind Quitten im Herbst aus unserer Küche nicht mehr wegzudenken.

Inzwischen haben sich die haarigen, harten, rundbauchigen Gesellen auch wieder ins Rampenlicht der Koch- und Backkunst vorgearbeitet. Quitten stecken voller sonniger Aromen und die reifen Früchte verströmen schon bei den Vorbereitungen ihren zitronenähnlichen Geruch. Gebacken, geschmort, süß oder herzhaft wird die Quitte einfach zur Delikatesse.

Für dieses Büchlein habe ich in meinem Rezeptfundus gestöbert, einige meiner Lieblingsrezepte herausgesucht, die ich schon mal zubereitet und mit meiner Familie verkostet habe. Quitten verdienen eindeutig mehr Beachtung, also lassen Sie sich nicht von der pelzigen Schale und dem festen Fruchtfleisch abschrecken.

Viel Spaß beim Verarbeiten der goldgelben Geschmackswunder wünscht Ihnen

Ihre Barbara Baumann

Heilwirkung

Die Quitte schmeckt nicht nur gut, sondern ist eine Frucht mit großer Heilkraft. Bereits in der Antike sollen Quitten bei Erkältungskrankheiten, Verdauungsproblemen oder Entzündungen eingesetzt worden sein.

Quitten enthalten eine Menge gesunder Inhaltsstoffe, die das Immunsystem des Körpers stärken und viele Körperfunktionen unterstützen können. Dazu gehören Mineralstoffe und Spurenelemente wie Zink, Natrium, Eisen, Kupfer, Mangan und Fluor, aber auch Vitamin C, A und Folsäure, außerdem enthält sie viel Kalium. Der hohe Pektinanteil fördert die Verdauung und senkt den Cholesterinspiegel. Die in der Quitte enthaltenen Gerbstoffe sollen bei Gicht und Arteriosklerose vorteilhaft sein.

Auch die Haut weiß die pflegende Wirkung der Quitte zu schätzen. Ihre zahlreichen Schleimstoffe helfen bei Sonnenbrand, spröder Haut und entzündeten Augen. Bei Halsschmerzen, Bronchitis oder Magen- und Darmentzündungen sorgt Quittenschleim für Linderung.

Außerdem ist sie mit 38 kcal pro 100 g eine kalorienarme, ballaststoffreiche Frucht, denn sie besteht zu 80 Prozent aus Wasser.

Ilustration aus dem »Tacuinum sanitatis«, Gesundheitswerk von Ibn Butlan, um 1400

Citonia.

Herkunft und Kultivierung

Die goldgelben Früchte gehören zu den ältesten Kulturobstsorten. Im Kaukasus wurde die Quitte laut erster Nachweise bereits vor 4000 Jahren kultiviert. Ihren Namen soll die Quitte der griechischen Stadt Kydonia (*lateinisch: Cydonia*), dem heutigen Chania auf Kreta verdanken. Bei den alten Griechen galt der »Apfel aus Kydonia« einst als Symbol für Fruchtbarkeit, Liebe, Glück, Schönheit und Unvergänglichkeit.

Über die Handelsstraßen breitete sich die Quitte nach Südeuropa und Nordafrika aus. Von Nordafrika aus erreichte die Quitte Portugal. Sie ist auch Namensgeber der Marmelade, »marmelo« ist das portugiesische Wort für Quitte.

Orangen-Quitten-Marmelade (Rezept Seite 40)

Mit den Römern gelangte die Quitte (*Cydonia oblonga*) in den Mittelmeerraum und nach Europa. In Deutschland ist sie vermutlich die älteste Obstkultur und wurde im 9. Jahrhundert erstmals schriftlich erwähnt. Im deutschsprachigen Raum findet man die Früchte auch unter Bezeichnungen wie Kretischer Apfel, Kydonischer Apfel, Venus- oder Adonis-Apfel, Hesperiden-Apfel, Baumwollapfel oder Schmeckbirne.

Züchterisch wurde die Quitte nur wenig verändert, man kann sie als ein kultiviertes Wildgehölz bezeichnen. Sie gehört wie ihre Verwandten »Apfel und Birne« zur Familie der Rosengewächse. Nach ihrer Fruchtform unterscheidet man sie in Apfelquitten (*Cydonia oblonga maliformis*) und Birnenquitten (*Cydonia oblonga piriformis*).

Anbaugebiete

Quitten sind weltweit verbreitet und die Sortenvielfalt ist groß. Heute sind die größten Anbaugebiete in Südwestasien, Südostarabien sowie Süd- und Mitteleuropa.

Trotz ihrer schmackhaften Früchte hatten Quittenbäume in Deutschland über viele Jahre an Bedeutung verloren. Der professionelle Anbau spielte nur eine untergeordnete Rolle. Viele Obstbauern haben es sich im Rahmen von Projekten zur Aufgabe gemacht, alte Sorten zu erhalten, die Artenvielfalt und besonders gefährdete Raritäten zu bewahren. Mit Eigeninitiative und ökologischem Anbau ist es gelungen, der Quitte zu einem Comeback zu verhelfen.

In vielen Haus- oder Bauerngärten und auch in Obstplantagen trifft man die Quitte wieder an. Birnenquitten sind wärmeliebend und gedeihen in deutschen Weinbau-Regionen wie Baden-Württemberg, Hessische Bergstraße oder Franken am besten. Apfelquitten sind robuster und auch für raues Klima geeignet. Insgesamt lässt sich feststellen, dass das Sortenspektrum dank der steigenden Nachfrage nach Quittenbäumen und reifen Früchten in den letzten Jahren erfreulich angewachsen ist.

Plantage mit Portugiesischen Birnenquitten in Bulgarien

Sorten

Laut Schätzungen soll es mehr als 200 verschiedene Quitten-Sorten geben. Die zahlreichen verschieden aussehenden Exemplare variieren beispielsweise in Größe und Form. Der Unterschied zwischen Apfel- und Birnenquitten liegt neben der Form in der Festigkeit des Fruchtfleisches. Außerdem haben Birnenquitten weniger Steinzellen als Apfelquitten.

Für den Rohverzehr eignen sich nur wenige Quittensorten. Nachfolgend sind einige der bekanntesten Quittensorten näher beschrieben.

Apfelquitte Konstantinopel

Apfelquitte »Konstantinopel«

Herkunft: Kaukasus
Genussreife: Oktober–November
Verwendung: Marmelade, Mus, Gelee, Saft oder Likör

Eine der besten Quittensorten, die kulinarisch viel zu bieten hat. Das feste Fruchtfleisch ist cremefarben, duftet nach Apfel, ist saftig und aromatisch.

Baumwollquitte

Herkunft: Franken
Genussreife: Oktober
Verwendung: Likör und Senf

Eine ungewöhnliche, alte, aber wenig bekannte Apfelquittensorte. Sie zeichnet sich durch das nussige Aroma ihrer wollig behaarten Früchte aus und ist ausgesprochen lagerfähig. Das feste bräunlich-gelbe Fruchtfleisch ist saftig und gut zu verarbeiten.

Birnenquitte »Bereczki«

Herkunft: Ungarn
Genussreife: Oktober
Verwendung: Kompott, Gelee oder Quittenkonfekt

Sie ist für ihre großen, süßen, aromatischen Früchte bekannt. Das Fruchtfleisch ist gelb-weiß.

Birnenquitte »Ronda«

Herkunft: Schweiz
Genussreife: Oktober–November
Verwendung: Saft, Obstbrand oder Konfitüre

Sie ist groß, recht schwer und die Schale gelb mit leichter Wolle. Das weiße Fruchtfleisch hat ein intensives fruchtiges Aroma und ist ausgesprochen saftig.

Portugiesische Birnenquitte

Herkunft: Portugal

Genussreife: Oktober-November

Verwendung: Marmelade oder Kuchenbelag

Liefert einen reichen Ertrag und die großen Früchte sind hocharomatisch und saftig. Das gelbe verhältnismäßig weiche Fruchtfleisch wird beim Kochen dunkler.

Tafelquitte Ayva

Herkunft: Türkei

Genussreife: September-Oktober

Lagerung: möglich Oktober-Februar

Verwendung: Frischverzehr und Verarbeitung

Diese Birnenquitte wird in ihrer türkischen Heimat auch Shirin-Quitte genannt und gern für Süßspeisen genutzt. Sie eignet sich gut zum Anbau in Hausgärten. Die

große, leuchtend gelbe Frucht kann roh und mit Schale verzehrt werden. Sie ist aromatisch, süß, mit kräftigem Orangenaroma.

Japanische Zierquitte

Herkunft: Japan und China
Genussreife: Oktober–November
Verwendung: Gelee, Saft oder Likör
Die Früchte dieser Scheinquitte lassen sich ebenfalls verarbeiten, sie sind viel saurer als herkömmliche Quitten, enthalten aber viel Vitamin C und Pektin. Der Saft eignet sich gut als Ersatz für Zitronensaft.

Seite 22: Portugiesische Birnenquitten
Seite 25: Japanische Zierquitten

Quitten im eigenen Garten

Die Quitte gehört zu den gesündesten Früchten, die jeder selbst im Garten anbauen kann. In Baumschulen und Gartenfachmärkten werden verschiedene Sorten apfel- und birnenförmiger Quitten angeboten. Ein Quittenbaum wird etwa vier bis sechs Meter hoch, ist pflegeleicht und stellt an den **Boden** keine besonderen Ansprüche, bevorzugt jedoch einen sonnigen, etwas geschützten Standort. Ein weiteres Plus ist, dass die Quitte **selbstfruchtbar** ist, es genügt ein einzelner Baum oder Strauch, denn es wird keine zweite Pflanze benötigt. Nach vier bis acht Jahren beginnt der Quittenbaum die ersten Früchte zu tragen. Laubblätter, Blattstiele, Blütenstiele und Früchte sind flaumig behaart. Der pelzige Mantel schützt die Quitte vor Sonnenstrahlung und Verdunstung. Die wunderschöne **Blütezeit** der Quitte ist im Mai und Juni ein Highlight und im Herbst verzaubern die goldgelben Duftwunder alle Sinne.

Die im Frühjahr weiß-rosa blühenden Quittenbäume haben im Herbst Saison und tragen je nach Region, Sorte und Klima von September bis in den November hinein viele Früchte. Eine Ernte von 50 bis 60 kg pro Baum ist keine Seltenheit.

Der **beste Erntezeitpunkt** für Quitten ist gekommen, wenn die Farbe der Früchte von Grün in Gelb umschlägt. Im Haus reifen die noch sehr harten Früchte nach. Ausgereifte Früchte erkennt man an der vollständigen Ausprägung der Farbe und daran, dass sie ihren flaumigen Pelz verlieren. Der richtige Erntezeitpunkt sollte aber nicht verpasst werden. Sind Quitten zu reif, baut sich das darin enthaltene Pektin früher ab, das Fruchtfleisch wird braunfleckig, Geschmack und Aroma lassen deutlich nach. Die letzten Früchte müssen spätestens vor dem ersten Frost geerntet werden.

Einkaufs- und Lagertipps

Im Handel findet man Quitten nur selten, da sie in Deutschland kommerziell kaum angebaut werden. Ein guter Tipp sind Wochen- und Bauernmärkte, Obsthöfe oder orientalische Obst- und Gemüseläden. Viele Gartenbesitzer bieten ihre Früchte gern über ebay-Kleinanzeigen an. Die Suche lohnt sich, denn Quitten verfügen über einen intensiven Duft und einen einzigartigen Geschmack.

Blüten der Echten Quitte *(Cydonia oblonga)*

Nach der Ernte sollten Quitten am besten gleich verarbeitet werden. Nicht voll ausgereifte Quitten sind bei kühler, trockener Lagerung (optimal 0 bis 2 °C) und einwandfreiem Zustand 2 bis 3 Monate haltbar. Obwohl Quitten ein sehr hartes Fruchtfleisch besitzen, ist die Schale empfindlich und es ist ratsam auf Druckstellen zu achten, da diese die Lagerfähigkeit stark einschränken. Die Früchte sollten am besten einlagig in einer mit Holzwolle oder Zeitungspapier ausgelegten Obstkiste aufbewahrt werden. Quitten immer alleine lagern, denn ihr intensives Aroma überträgt sich schnell auf andere Früchte. Wer sich einen Ganzjahresvorrat anschaffen möchte, kann Quitten blanchieren und anschließend einfrieren, tiefgekühlt halten sie sich etwa ein Jahr.

Küchenfertig verarbeitet

Den Ruf, sie sei »schwer zu verarbeiten«, verdankt die Quitte ihrem pelzigen Mantel, der sie vor Sonnenbrand und Schädlingen schützt. Der bitter schmeckende Flaum muss vor dem Kochen mit einem Tuch entfernt werden. Danach sollten die harten »Goldstücke« erst einmal gründlich gewaschen und abgetrocknet werden. Sind Stiel und Blütenansatz entfernt, kann man die Früchte je nach Rezept ungeschält oder geschält (das geht am besten mit einem Sparschäler) verwenden. Das Fruchtfleisch anschließend mit einem scharfen Messer rings um das Kerngehäuse entlang abschneiden und ganz nach Belieben in Hälften, Viertel, Spalten oder Würfel schneiden.

Genau wie Äpfel werden sie schnell braun und sollten nach dem Schälen mit etwas Zitronensaft beträufelt werden. Je nach Verwendung können Quitten danach geschmort, gebacken, gebraten und mit Wasser oder Fruchtsaft bedeckt, gekocht werden. Die Garzeit ist abhängig von der Quittensorte und vom Reifegrad der Früchte.

Die Quitte ist ein Allroundtalent und man kann von der Schale bis zum Fruchtfleisch alles verarbeiten. Aufgefangene Fruchtsäfte oder Fruchtrückstände sollten nicht entsorgt, sondern für weitere Rezepte aufbewahrt werden.

Verarbeitet zu Gelee, Mus, Kompott, Kuchen, Desserts oder Likör kommt ihr herb-fruchtiges Aroma ganz besonders gut zur Geltung. Herzhaften Speisen verleiht das goldgelbe Obst eine fruchtige Note.

Fruchtig-pikante Vorräte

Quitten sind super spannend, aber auch eine kleine Herausforderung. Wer sich jedoch die Mühe macht, die goldgelben Früchtchen zu verarbeiten, der wird mit einem ganz besonderen Geschmack belohnt, der sich in den verschiedensten Zubereitungen entfaltet.

Zum Einlegen roher Früchte eignet sich das weiche Fruchtfleisch der Birnenquitten bestens. Apfelquitten sind zwar härter, aber aromatischer und werden deshalb bevorzugt für Gelee, Marmelade oder Chutney verwendet. Auch Fruchtsaft oder Likör lässt sich aus Quitten herstellen.

Leckeres Quittengelee (Rezept Seite 36)

Quittengelee

Für ca. 3 Gläser à 350 ml

1 kg Quitten
500 g Gelierzucker 2:1
Saft von 1 Zitrone
Apfel- oder Orangensaft nach Bedarf

Die pelzige Oberfläche abreiben, Quitten heiß waschen, Stiel und Blüte entfernen. Die Früchte mit Schale und Kerngehäuse in grobe Würfel schneiden. Quitten sind sehr gelierfähig, deshalb Schalen und Kerngehäuse mit verwenden.

Die Quittenwürfel in einem großen Topf mit ca. 800 ml Wasser bedeckt zum Kochen bringen und bei milder Hitze weich köcheln. Je nach Sorte kann das 45 bis 60 Minuten dauern.

Im Topf über Nacht abkühlen lassen. Dann durch ein feines Tuch abseihen und 900 ml Saft abmessen. Bei Bedarf die Flüssigkeit mit Apfel- oder Orangensaft auffüllen. Zusammen mit dem Gelierzucker in einem Topf unter Rühren zum Kochen bringen, nun den Zitronensaft zufügen.

Den dabei entstehenden Schaum mit einer Schöpfkelle immer wieder abschöpfen. Das Ganze unter Rühren 4 Minuten sprudelnd kochen lassen. Heiß in vorbereitete Gläser füllen und sofort verschließen. Gläser ca. 5 Minuten auf den Kopf stellen.

Quittenmus

Für ca. 4 Gläser à 250 ml

1 kg Quitten
120 g Rohrzucker
Mark aus 1 Vanilleschote
Saft von 1/2 Zitrone
1 Zimtstange

Quitten gründlich abreiben, waschen, schälen und das Kerngehäuse herausschneiden. Das Quittenfruchtfleisch würfeln, in einen Topf mit ca. 300 ml Wasser geben, sodass die Quitten bedeckt sind. Zucker, Vanillemark, Zitronensaft und die Zimtstange zufügen. Dann die Quittenwürfel zum Kochen bringen und bei milder Hitze ca. 45 Minuten weich garen.

Anschließend die Zimtstange entfernen und die Quitten mit dem Stabmixer pürieren.

Im Kühlschrank hält sich Quittenmus einige Tage. Wer es länger aufbewahren möchte, kann es einfrieren oder einkochen.

Quittenmus ist sehr bekömmlich, schmeckt pur, als Beilage oder fruchtige Zutat in süßen Variationen.

Orangen-Quitten-Marmelade

Für ca. 3 Gläser à 200 ml

300 g Quitten
300 ml frisch gepresster Orangensaft
1 Zimtstange
Mark von 1/2 Vanilleschote
1 Sternanis
2 Kardamomkapseln
Abrieb von 1 Bio-Orange
250 g Gelierzucker 2:1
Saft von 1/2 Zitrone

Quitten mit einem Tuch abreiben, waschen, schälen, entkernen und das Fruchtfleisch grob würfeln. Die Fruchtwürfel in einen Topf geben, die Gewürze zufügen, alles mit Orangensaft bedecken, aufkochen lassen und die Quitten bei milder Hitze weich kochen.

Zimtstange, Sternanis und Kardamom entfernen. Die Früchte mit dem Sud in ein Sieb geben und den Saft auffangen. Die Quitten im Mixer pürieren.

Quittenmus, aufgefangenen Fruchtsaft, Orangenabrieb, Zitronensaft und Gelierzucker in einem Topf vermengen. Alles noch einmal aufkochen und 4 Minuten sprudelnd köcheln lassen. In vorbereitete Gläser füllen, fest verschließen und 5 Minuten auf dem Deckel stehen lassen.

Quittenkompott

Für ca. 2 Gläser à 500 ml

1 kg Quitten
1 Zimtstange
2 Gewürznelken
100 g Rohrzucker
Mark aus 1 Vanilleschote

Quitten mit einem Tuch abreiben, waschen, schälen, das Kerngehäuse entfernen und das Fruchtfleisch in Spalten oder Würfel schneiden. Quitten in einen Kochtopf geben. Zimtstange, Gewürznelken, Zucker, Vanillemark und die ausgekratzte Schote hinzufügen. Wasser aufgießen, sodass alles gut bedeckt ist. Das Ganze zum Kochen bringen und die Quitten bei milder Hitze ca. 15 Minuten garen. Sie sollten noch bissfest sein.

Quitten herausnehmen, zusammen mit den Gewürzen in vorbereitete Gläser geben. Die Gläser bis zum Rand mit dem Sud füllen und den Gläserrand säubern. Gläser mit Deckel, Gummiring und Klammern verschließen und im Einwecktopf bei 90 °C ca. 20 Minuten zuziehen lassen.

Quittensaft

Für ca. 3 Flaschen à 500 ml

1,5 kg Quitten
500 g Zucker

Auch ohne Entsafter lässt sich aus Quitten Saft gewinnen. Die Quitten putzen, waschen und in Würfel schneiden. Quittenwürfel zusammen mit dem Zucker in einen Topf geben und mit 2 Liter Wasser bedecken. Aufkochen und dann bei milder Hitze ca. 45 bis 60 Minuten weich kochen. Anschließend durch ein sauberes Tuch in ein Gefäß abseihen. Den Saft noch einmal aufkochen, in vorbereitete Flaschen abfüllen und verschließen. Kühl und dunkel gelagert ist der Saft einige Monate haltbar. Offene Flaschen sollten innerhalb von 2 bis 3 Tagen aufgebraucht werden.

Quittensaft enthält Schleim und Gerbstoffe und soll bei einer Vielzahl an Beschwerden helfen. Beispielsweise ist er ein Hausmittel gegen Entzündungen in Mund, Rachen, Hals und Atemwegen, lindert Magenbeschwerden, Sodbrennen, Verstopfung und Durchfall.

Quittenlikör

Für ca. 1 Liter-Flasche

500 g Quitten
250 g brauner Kandiszucker
2 EL Zitronensaft
0,7 l Wodka oder Korn

Die Quitten mit einem Tuch abreiben, waschen, entkernen und in Würfel schneiden. Quittenwürfel, Zitronensaft und Kandiszucker in ein großes Einweckglas füllen und den Alkohol aufgießen. Gut verschließen und an einem kühlen, dunklen Ort ca. 4 Wochen ziehen lassen. Das Gefäß ab und zu schütteln. Anschließend filtern und in Flaschen abfüllen. So lässt sich der Likör gut aufbewahren oder zu Weihnachten verschenken.

Quittenpunsch

Für 2 bis 3 Gläser à 300 ml

500 g Quitten • 100 g Rohrzucker
1 Zimtstange • 1 Sternanis
2–3 Gewürznelken
2 Kardamomkapseln

Die geputzten Quitten waschen, schälen, das Kerngehäuse entfernen und das Fruchtfleisch würfeln. Die Quittenwürfel mit Zucker in 1 l Wasser in einem Topf aufkochen. Hitze reduzieren, Gewürze zugeben und das Ganze ca. 30 bis 45 Minuten bei milder Hitze sieden lassen. Anschließend abseihen, den heißen Punsch in Gläser füllen und an der frischen Luft genießen.

Tipp: Wer es etwas hochprozentiger mag, kann den Punsch mit Rum verfeinern.

Quittenessig

Für ca. 250 ml

1 Quitte (ca. 150 g) · 3–4 Pfefferkörner
1–2 EL Akazienhonig
400 ml hochwertiger weißer
Balsamico (fruchtig)

Quitte putzen, heiß abwaschen, schälen und das Kerngehäuse entfernen. Schalenstreifen zur Seite legen. Das Fruchtfleisch grob würfeln. Schalenstreifen, Fruchtwürfel, Pfefferkörner und Honig in ein Gefäß (500 ml Inhalt) geben, Essig auffüllen, alles verrühren und die Mischung gut verschlossen 48 Stunden kalt stellen. Danach abseihen und in eine vorbereitete Flasche füllen.

Der süß-saure Essig eignet sich sehr gut für Salate.

Herzhaft-aromatisch für Topf & Pfanne

Geschmacklich ist die Quitte ein wahres Multitalent. Ist sie einmal geputzt und gewaschen, bereichert die knollige Herbstfrucht mit der besonderen Zitronennote auf geschmackvollste Weise unsere Speisekarte. Gegart, gebraten oder pochiert verleiht sie herzhaften Gerichten ein wunderbares Aroma. Auch mit Curry, Kreuzkümmel oder Koriander versteht sich die Quitte blendend.

Wenn nicht anders angegeben, gelten alle Rezepte dieser Rubrik für 4 Portionen.

Exotische Linsensuppe

1 rote Zwiebel
2 Knoblauchzehen
2 kleine Quitten (ca. 250 g)
1 TL Koriander • 1 TL Kreuzkümmel
2 EL Olivenöl
1/2 rote gehackte Chilischote
2 EL Tomatenmark
1 TL Bockshornklee
200 g rote Linsen
1,7 l Hühner- oder Gemüsebrühe
Salz • Pfeffer aus der Mühle
1 EL gehackte Petersilie

Zwiebel und Knoblauch schälen und würfeln. Die Quitten putzen, waschen, schälen, Kerngehäuse entfernen und das Fruchtfleisch in Würfel schneiden. Koriander und Kreuzkümmel im Mörser zerstoßen.

Öl in einem Topf erhitzen, Zwiebel, Knoblauch, Chili, Kreuzkümmel und Koriander unter Rühren darin anschwitzen. Quittenwürfel dazugeben und weitere 2 bis 3 Minuten anbraten. Tomatenmark, Bockshornklee und die Linsen unterrühren. Mit Brühe ablöschen, aufkochen und dann bei milder Hitze ca. 30 bis 40 Minuten zugedeckt köcheln lassen.

Die Suppe anschließend pürieren, bei Bedarf noch etwas Brühe zufügen. Das Ganze mit Salz und Pfeffer abschmecken. Die Suppe mit Petersilie bestreuen und nach Geschmack mit ein paar Croûtons servieren.

Kartoffel-Quitten-Cremesuppe

1 Zwiebel • 1 Knoblauchzehe
400 g Kartoffeln
2 kleine Quitten (ca. 250 g)
2 EL Rapsöl • 600 ml Gemüsebrühe
200 ml cremige Kokosmilch
Salz • Pfeffer aus der Mühle
Chili, fein gehackt oder Chiliflocken

Zwiebel, Knoblauch, Kartoffeln und Quitten schälen. Zwiebel und Knoblauch fein würfeln. Kartoffeln und Quittenfruchtfleisch grob würfeln. In einem Topf Öl erhitzen, Zwiebel, Knoblauch, Kartoffel- und Quittenwürfel darin ca. 3 Minuten anbraten, salzen und pfeffern. Gemüsebrühe aufgießen, das Ganze zum Kochen bringen und dann bei mittlerer Hitze ca. 25 bis 30 Minuten weich garen. Suppe sehr fein pürieren,

Kokosmilch und ggf. etwas Gemüsebrühe unterrühren, nochmals 5 Minuten köcheln lassen, abschmecken, mit Kokosmilch verfeinern und mit etwas Chili bestreuen.

Herbst-Eintopf

300 g Kartoffeln
100 g Quittenwürfel
250 g Sauerkraut
2 kleine Zwiebeln • 1 Knoblauchzehe
2 EL Olivenöl • 2 EL Tomatenmark
1 EL Edelsüßpaprika
600 ml Gemüsebrühe
1/2 TL Kümmel • 2 Lorbeerblätter
5–6 Wacholderbeeren
200 g Chorizo
Salz • Pfeffer aus der Mühle
Crème fraîche

Die Kartoffeln schälen, waschen und wie das Quittenfruchtfleisch in Würfel schneiden. Das Sauerkraut abspülen, abtropfen lassen und grob hacken. Zwiebeln und Knoblauch schälen und würfeln.

Öl in einem Topf erhitzen, Zwiebeln, Kartoffeln und Quitten darin anbraten. Tomatenmark und Paprikapulver unterrühren, kurz anschwitzen und mit Gemüsebrühe ablöschen. Mit Knoblauch, Kümmel, Lorbeerblatt, Wacholderbeeren, Salz und Pfeffer würzen und die Kartoffel-Quitten-Mischung ca. 10 Minuten garen. Sauerkraut hinzufügen und den Eintopf weitere 20 Minuten köcheln lassen.

Chorizo häuten, in Scheiben schneiden, unter das Kraut mischen und erwärmen. Den herbstlichen Eintopf mit Salz und Pfeffer abschmecken, anrichten und mit einem Klecks Crème fraîche verfeinern.

Rindfleisch-Quitten-Tajine

600 g Rindfleisch
1 TL Kreuzkümmel
1 TL Koriander
1 TL Kurkuma
1/2 TL Piment • 1 Msp. Chili
2 EL Olivenöl
2 Zwiebeln
2 Knoblauchzehen
1 TL Ingwer
2 Lorbeerblätter
1 Zimtstange
1 EL Paprika, edelsüß
200 g passierte Tomaten
400 ml Gemüsebrühe
3 bunte Möhren
150 g Quittenfruchtfleisch
1–2 EL Quittengelee
Salz • Pfeffer aus der Mühle

Das Fleisch abbrausen, trocken tupfen und in mundgerechte Stücke schneiden. Gewürzpulver mischen. Fleischstücke in eine Schüssel geben, mit den Gewürzen vermengen und mindestens 1 Stunde ziehen lassen.

Öl in der Tajine erhitzen, das Fleisch hineingeben und portionsweise darin anbraten. Das Fleisch herausnehmen und beiseitestellen.

Zwiebeln und Knoblauch schälen, beides würfeln und mit fein gehacktem Ingwer im Bratfett andünsten. Das Fleisch wieder dazugeben, mit Salz und Pfeffer würzen. Dann die Lorbeerblätter, Zimtstange, Paprika, passierte Tomaten in die Tajine geben und 200 ml Gemüsebrühe zugießen. Alles gut durchrühren. Mit geschlossenem Deckel im Backofen bei 180 °C auf der unteren Schiene ca. 90 Minuten schmoren

lassen. Dabei darauf achten, dass genug Flüssigkeit im Topf ist, eventuell zwischendurch etwas Brühe aufgießen.

Inzwischen die Möhren schälen, waschen und wie das Quittenfruchtfleisch in Stäbchen schneiden. Die Stäbchen, 1 EL Quittengelee und restliche Brühe nach 90 Minuten der Tajine zufügen. Weitere 30 bis 40 Minuten garen, bis alles weich, das Fleisch zart und die Sauce sämig ist.

Mit Salz, Pfeffer und Quittengelee abschmecken und Couscous oder Fladenbrot dazu reichen.

Tipp: Statt einer Tajine kann man auch einen Römertopf oder Bräter mit Deckel verwenden.

Hähnchen-Quitten-Curry

400 g Hähnchenbrustfilet
2 Schalotten • 1 Knoblauchzehe
2 kleine Quitten (ca. 250 g)
1 TL Koriandersaat
2 EL Olivenöl
1 TL Curry • 1 TL gehackter Ingwer
1 TL Kurkuma • 1 TL Edelsüßpaprika
Salz • Pfeffer aus der Mühle
150 ml Hühnerbrühe • 150 ml Sahne
Chili aus der Mühle
1 EL gehackter Koriander oder Petersilie

Hähnchenbrustfilet waschen, trocken tupfen und in Würfel schneiden. Schalotten und Knoblauch schälen und fein würfeln. Die geputzten Quitten waschen, schälen, vierteln, Kerngehäuse entfernen und würfeln. Koriander im Mörser zerstoßen.

Öl in einer Pfanne erhitzen, das Fleisch rundum anbraten und dann bei mittlerer Hitze weitere 5 Minuten braten, herausnehmen und beiseitestellen.

Zwiebel und Knoblauch in die Pfanne geben und im verbleibenden Bratfett anschwitzen. Dann die Quittenwürfel dazugeben und unterrühren. Mit Curry, Ingwer, Kurkuma, Koriander, Paprika, Salz und Pfeffer würzen. Brühe und Sahne aufgießen, aufkochen lassen und das Ganze bei mittlerer Hitze ca. 15 bis 20 Minuten köcheln lassen, bis die Quitten gar sind.

Hähnchenfleisch in die Pfanne geben, alles erwärmen und zum Schluss mit Salz, Pfeffer und Chili abschmecken. Mit frischen Kräutern bestreuen und körnigen Reis dazu servieren.

Gebackene Hähnchenkeulen

4 Hähnchenkeulen
2 Fenchelknollen
100 g Quittenwürfel
50 ml Orangensaft
100 ml trockener Weißwein
100 ml Hühnerbrühe
2 Knoblauchzehen
40 g Quittengelee
3 EL Olivenöl
Salz • Pfeffer aus der Mühle

Die Hähnchenkeulen waschen und trocken tupfen. Die Keulen am Gelenk teilen und kräftig mit Salz und Pfeffer würzen. Backofen auf 200 °C vorheizen.

In einer Pfanne 2 EL Olivenöl erhitzen und die Hähnchenkeulen mit der Hautseite nach unten darin kräftig anbraten. Die

Keulen wenden und ca. 5 Minuten weiter braten, danach aus der Pfanne nehmen und beiseitelegen.

Den Fenchel putzen, waschen, halbieren, den Strunk keilförmig herausschneiden und längs in Spalten schneiden. Hähnchenkeulen in eine ofenfeste Form geben, Fenchel und Quittenwürfel darum verteilen.

Knoblauch schälen und fein würfeln. Orangensaft, restliches Olivenöl, Wein, Hühnerbrühe und Knoblauch verrühren. Die Mischung über das Fleisch und Gemüse geben und im vorgeheizten Backofen ca. 60 Minuten backen. Das Fleisch während der Backdauer ab und zu mit dem Bratensaft begießen.

Quittengelee erwärmen und die Keulen ca. 15 Minuten vor dem Garzeitende damit bestreichen. Sollten die Hähnchenkeulen nach der Garzeit noch nicht knusprig sein, kurz den Grill einschalten.

Den Bräter aus dem Backofen nehmen und die Hähnchenkeulen heiß auf den Tisch bringen. Dazu passt Ciabatta oder cremiges Kartoffelpüree.

Kartoffel-Quitten-Gratin

1 Knoblauchzehe
20 g Butter
500 g festkochende Kartoffeln
300 g Quitten
Salz • Pfeffer aus der Mühle
1 EL Thymianblättchen
1 EL fein gehackter Rosmarin
1/4 l süße Sahne • 1/4 l Milch
80 g Bergkäse
Muskat

Backofen auf 200 °C vorheizen.

Knoblauch halbieren, die Auflaufform damit bestreichen und dann mit Butter einfetten. Kartoffeln schälen, waschen und in dünne Scheiben hobeln. Die Quitten putzen, waschen, schälen, vierteln, entkernen und in dünne Spalten schneiden. Dachziegelartig und abwechselnd in die Auflaufform schichten. Mit Salz und Pfeffer würzen und die Kräuter darüber streuen.

Milch und Sahne in einem Topf erhitzen, dann den geriebenen Bergkäse untermischen und die Sauce mit Salz, Pfeffer und frisch geriebenem Muskat abschmecken.

Die Mischung über die Kartoffeln und Quitten geben. Im vorgeheizten Backofen ca. 50 Minuten backen. Herausnehmen, mit Kräutern garnieren und servieren. Dazu schmeckt ein grüner Salat.

Kartoffel-Quitten-Rösti

Für 3 Portionen

400 g Kartoffeln • 200 g Quitten
1 Zwiebel • 1 EL Stärkemehl • 1 Ei
Salz • Pfeffer aus der Mühle
Öl zum Braten

Außerdem:
150 g Schmand
1 Spritzer Zitronensaft
1 TL Meerrettich
200 g Stremellachs
Salz • Pfeffer aus der Mühle
1 Handvoll Dillspitzen

Die Kartoffeln schälen, waschen und in eine Schüssel raspeln. Geputzte Quitten waschen, vierteln, Kerngehäuse entfernen und die Fruchtviertel zu den Kartoffeln

raspeln. Zwiebel schälen und ebenfalls dazureiben. Stärkemehl und Ei zufügen, alles gut vermengen und mit Salz und Pfeffer würzen.

Öl in einer beschichteten Pfanne erhitzen, Rösti-Masse hineingeben und gleichmäßig in der Pfanne verteilen. Rösti bei mittlerer Hitze etwa 4 bis 5 Minuten braten, bis sie goldbraun sind, dann vorsichtig mithilfe eines Pfannendeckels wenden und weitere 5 Minuten braten, bis sie von beiden Seiten knusprig sind. Mit der restlichen Rösti-Masse ebenso verfahren.

Schmand, Zitronensaft und geriebenen Meerrettich in einer Schüssel verrühren und mit Salz und Pfeffer abschmecken.

Rösti anrichten, mit dem Meerrettich-Dip bestreichen, Räucherlachs darauflegen, mit etwas Pfeffer würzen und mit Dill garnieren.

Radiccio-Quitten-Salat

2 Quitten (ca. 300 g)
1–2 EL Rohrzucker • 200 ml frisch gepresster Orangensaft
1 Radiccio
4 EL Olivenöl
2 EL Honig • 50 g Walnusskerne
1 EL Zitronensaft
1 EL Honig • 5 EL Olivenöl
Salz • Pfeffer aus der Mühle
150 g Schafskäse
4 EL Granatapfelkerne

Die sauberen Quitten entkernen und in Spalten schneiden. Quittenspalten zusammen mit dem Zucker in einen Topf geben, Orangensaft auffüllen, sodass die Quitten gut bedeckt sind. Etwa 10 bis 15 Minuten köcheln, bis die Früchte gar, aber noch bissfest sind. Im Sud auskühlen lassen, danach abseihen.

Radiccio halbieren, den Strunk entfernen und in Spalten schneiden. Öl in einer Pfanne erhitzen, Radiccio hineingeben, kurz anbraten, mit Honig beträufeln und karamellisieren lassen.

Für das Dressing gehackte, geröstete Walnusskerne, Zitronensaft, Honig und Öl in ein Gefäß geben, gut verrühren und mit Salz und Pfeffer abschmecken.

Den kurz angebratenen Radiccio auf Tellern anrichten. Quittenspalten dazwischen verteilen, Schafskäse darüber bröseln, mit Granatapfelkernen und Sprossen bestreuen. Dressing darüber träufeln und servieren. Dazu schmeckt ein knuspriges Baguette.

Verführerisch: Kuchen & Desserts

Die Herbstboten lassen sich zu allerlei Süßspeisen verarbeiten. Vom Gugelhupf mit Quitten bis hin zum Quitteneis ist hier einiges dabei. Wenn nicht anders angegeben, sind die Rezepte wieder für 4 Genießer gerechnet.

Quittenkonfekt ist eine weitere süße Zubereitungsart der leckeren Früchte. Das frische einzigartige Aroma der Quitte kann mit Zimt, Ingwer, Orangen, Mandeln und Vanille bestens kombiniert werden. Außerdem passen Quitten perfekt zu Joghurt, Quark oder Sahne.

Süße Quitten-Donuts (Rezept Seite 82)

Quitten-Gugelhupf

Für eine Backform 18 cm Ø

150 g Quittenviertel
2 Eier • 100 g Rohrzucker
1 Pck. Bourbon-Vanillezucker
1 Prise Salz • 75 g weiche Butter
150 g Weizenmehl Type 405
1/2 Pck. Backpulver
2 EL gehackte Nüsse • Puderzucker

Den Backofen auf 175 °C vorheizen und die Backform einfetten.

Die geschälten, entkernten Quittenviertel raspeln. Eier, Zucker, Vanillezucker und Salz in einer Rührschüssel mit dem Handmixer cremig rühren. Die Butter zugeben und alles schaumig aufschlagen. Das Mehl mit dem Backpulver mischen, sieben und nach und nach unter die Masse rühren.

Nun die Quittenraspel und Nüsse unterheben.

Den Teig in die gefettete Form füllen und 45 bis 60 Minuten backen. Den Gugelhupf herausnehmen, etwas abkühlen lassen, vorsichtig den Rand lösen. Dann auf eine Platte stürzen. Vor dem Verzehr mit Puderzucker bestäuben.

Quitten-Donuts

Für ca. 22 Stück

Für den Teig:

60 ml neutrales Pflanzenöl • 2 Eier
80 g Zucker • 70 g Quittenmus
1/4 TL Ingwer, frisch gerieben
1/2 TL Salz
150 g Weizenmehl Type 405
1 TL Backpulver

Für die Garnitur:
50 g Zucker
1 TL Zimt
50 g Butter

Backofen auf 185 °C vorheizen und eine Donut-Backform einfetten.

Alle Teigzutaten in einer Rührschüssel mit dem Handmixer zu einem glatten Teig verrühren. Den Teig zu 2/3 in die Mulden der (Donut-)Backform geben und ca. 15 bis 18 Minuten backen (Stäbchenprobe).

Inzwischen Zucker und Zimt in einer Schale mischen. Die noch warmen Donuts mit der zerlassenen Butter bestreichen und dann in der Zucker-Zimt-Mischung wälzen. Am besten schmecken Quitten-Donuts ganz frisch.

Tarte Tatin mit Quitten

Für eine Backform 24 cm Ø

3-4 Quitten (ca. 500 g)
1 Zimtstange
2 EL Rohrzucker
60 g Kristallzucker
30 g Butter
1 Pck. Blätterteig ca. 250 g

Die geputzten Quitten waschen, schälen, vierteln, Kerngehäuse großzügig entfernen und in Spalten schneiden. Quittenspalten mit der Zimtstange und Rohrzucker in einem Topf mit Wasser bedeckt ca. 10 Minuten köcheln, bis die Früchte weich, aber noch bissfest sind. Danach die Zimtstange entfernen, abseihen und die Früchte abkühlen lassen.

Backofen auf 220 °C vorheizen.

Zucker in einer ofenfesten Pfanne bei mittlerer Temperatur unter Rühren karamellisieren. Sobald der Zucker vollständig geschmolzen ist, die Pfanne vom Herd nehmen und die Butter unterrühren, sodass eine glatte Masse entsteht. Nun die Quittenspalten fächerförmig in die Pfanne schichten.

Den Blätterteig etwas größer als die Form ausrollen, über die Quitten legen und mehrmals mit einer Gabel einstechen. Den Rand etwas nach innen in die Form hineindrücken.

Die Tarte im vorgeheizten Backofen ca. 20 Minuten goldbraun und knusprig backen. Die Form aus dem Ofen nehmen und ca. 5 bis 10 Minuten abkühlen lassen.

Tarte Tatin mithilfe eines Kuchentellers stürzen und am besten noch lauwarm mit Sahne oder einer Kugel Vanilleeis genießen.

Saftiger Quittenkuchen

Für eine Backform 20 cm Ø

4-5 Quitten ca. 550 g
2-3 EL Rohrzucker
1 Zimtstange • 1 Sternanis
Apfelsaft nach Bedarf
70 g Weizenmehl Type 405
1 Pck. Backpulver • 1 Prise Salz
2 Eier • 50 g Rohrzucker
1 Pck. Bourbon-Vanillezucker
25 g Butter • 100 ml Milch
40 g gehobelte Mandeln
Puderzucker

Quitten putzen, waschen, schälen, vierteln, Kerngehäuse großzügig entfernen und in Spalten schneiden. Quittenspalten, Rohrzucker Zimt und Sternanis in einem Topf mit Apfelsaft bedeckt ca. 10 bis 15

Minuten köcheln, bis die Früchte gar, aber noch bissfest sind. Dann abseihen und die Früchte abkühlen lassen.

Backofen auf 200 °C vorheizen. Die Backform fetten.

Mehl, Backpulver und Salz in einer Schüssel vermengen. Die Butter zerlassen. Eier in einer zweiten Schüssel mit Rohr- und Vanillezucker schaumig aufschlagen. Nun die Butter und Milch kräftig unterrühren. Eier-Milch nach und nach unter die Mehl-Mischung rühren, sodass ein glatter Teig entsteht.

Ein Drittel des Teiges in die Backform geben und die gut abgetropften Quittenspalten fächerartig darauf verteilen. Mit dem restlichen Teig bedecken, die gehobelten Mandeln darüber streuen und ca. 30 Minuten backen (Stäbchenprobe).

Den Kuchen herausnehmen und ausgekühlt mit Puderzucker bestäuben.

Dinkel-Quitten-Brot

Für eine Backform 30 × 12 × 9 cm

2 Eier • 100 g Rohrzucker
1 Pck. Bourbon-Vanillezucker
80 ml neutrales Pflanzenöl
200 g Dinkelmehl Type 630
2 gehäufte TL Backpulver
1 Prise Salz • 1/2 TL Zimt
250 g Quittenmus • 5–6 EL gehackte Nüsse nach Geschmack

Backofen auf 180 ° C vorheizen. Eine Kastenform fetten und mit Semmelbröseln ausstreuen.

Eier, Rohrzucker, Vanillezucker und Öl in einer Schüssel mithilfe des Handrührgerätes schaumig aufschlagen. Gesiebtes Mehl, Backpulver, Salz und Zimt mischen, nach und nach unter die Öl-Ei-Mischung rühren,

sodass eine homogene Masse entsteht. Quittenmus unter den Teig rühren und 3 EL Nüsse unterheben.

Den Teig in die Kastenform füllen, die restlichen Nüsse darauf verteilen und auf der mittleren Schiene im Backofen ca. 45 bis 50 Minuten goldbraun backen (Stäbchenprobe). Herausnehmen, abkühlen lassen und genießen.

Mandel-Quitten-Gebäck

Für ca. 30 Stück

170 g Weizenmehl Type 405
50 g gemahlene Mandeln
50 g + ca. 1 EL Puderzucker
1/2 TL Vanillemark • 1 Prise Salz
100 g kalte Butter • 1 Ei
Quittengelee (ca. 150 g)

Mehl in eine Schüssel sieben und eine Mulde in die Mitte drücken. Mandeln, 50 g Puderzucker, Vanillemark, Salz und Butter auf dem Rand verteilen. Das Ei in die Mulde geben und alles zu einem geschmeidigen Teig verkneten. Aus dem Teig zwei Rollen formen, in Klarsichtfolie wickeln und ca. 3 Stunden kühl stellen.

Backofen auf 175 ° C vorheizen.

Den Teig in Scheiben schneiden, mit bemehlten Händen ca. 30 kleine Kugeln formen und auf ein mit Backpapier ausgelegtes Backblech setzen. Die Kugeln etwas platt drücken und mithilfe eines Kochlöffelstiels eine Vertiefung in die Mitte der Plätzchen drücken.

Ca. 10 bis 12 Minuten backen. Dann auf einem Kuchengitter abkühlen lassen und mit dem übrigen Puderzucker bestäuben.

Quittengelee in einem kleinen Topf unter Rühren erwärmen, glatt rühren und n die Vertiefungen füllen. Die Plätzchen auf dem Kuchengitter ca. 2 Stunden auskühlen lassen.

Quittenkonfekt

Für eine Form ca. 30 × 20 cm

1 kg gekochte Quittenstücke (ohne Saft und Kerngehäuse)
1 kg Gelierzucker 1:1
Saft von 1 Zitrone

Die gekochte Quittenmasse zu Mus pürieren. Quittenmus, Gelierzucker und Zitronensaft in einem Topf aufkochen lassen. Dann bei milder Hitze so lange köcheln, bis die Flüssigkeit fast eingekocht ist. Dabei ständig rühren, sodass nichts anbrennt.

Wenn das Mus langsam dick und zäh wird und beim Umrühren eine Spur hinterlässt, ist die Masse fertig.

Die zähe Masse in eine mit Backpapier ausgekleidete Auflaufform füllen und abkühlen lassen. Bei Zimmertemperatur einige Tage trocknen lassen. Zwischendurch einmal wenden, damit auch die andere Seite gut durchtrocknen kann.

Wenn es sich ganz leicht vom Backpapier herunternehmen lässt, ist das Quittenkonfekt fertig und kann in kleine Rechtecke oder Rauten geschnitten werden. Wer möchte, bestreut die Quittenstückchen mit Zucker oder Kokosraspeln.

Das fertige Konfekt in einer Keksdose aufbewahren, dabei die einzelnen Lagen durch Butterbrotpapier trennen.

Ofenquitten

4 Quitten (ca. 400 g)
150 ml Orangensaft • 2–3 EL Honig
1 TL geriebener Ingwer
1 Vanilleschote • 1 Zimtstange
1 Sternanis • 2 EL Butter

Backofen auf 180 °C vorheizen.

Die Quitten putzen, waschen, schälen, halbieren oder vierteln. Das Kerngehäuse entfernen oder nach Belieben belassen. Vanilleschote längs halbieren. (Frisch gepressten) Orangensaft, Honig, Ingwer, Vanilleschote, Zimt, Sternanis und Butter in einen Topf geben. Den Sud aufkochen und bei mittlerer Hitze ca. 2 Minuten köcheln lassen. Quitten in eine Auflaufform geben und den heißen Sud darüber verteilen. Im Ofen ca. 40 Minuten backen. Zwischen-

durch ab und zu wenden. Wenn man mit einer Gabel gut hineinstechen kann, sind die Quitten fertig. Die Form aus dem Ofen nehmen, die Quitten etwas abkühlen lassen und lauwarm mit Schlagsahne, Vanillesauce oder Eis servieren.

Quitten-Eis

Für ca. 10 bis 12 Portionen

200 ml süße Sahne
50 ml Milch • 3 EL Honig
Mark aus 1 Vanilleschote
1 TL Zitronenabrieb
400 g Quittenmus (siehe Seite 38)

Die Sahne in einem Rührgefäß mit dem Handmixer steif schlagen. Milch, Honig, Vanillemark und Zitronenabrieb in eine

Schüssel geben und das Quittenmus unterrühren. Dann die Sahne unterheben.

Die Quittenmasse in die Eismaschine geben oder in ein Gefäß füllen. Das Gefäß mit geschlossenem Deckel im Gefrierschrank / Fach mindestens 4 Stunden gefrieren lassen. Nach 30 Minuten die Eismasse herausnehmen und mit einer Gabel gründlich durchmischen. Diesen Schritt ab und zu wiederholen, dadurch wird das Eis cremiger.

Das Quitten-Eis aus dem Gefrierschrank nehmen, kurz antauen lassen und mit einem Eisportionierer in Waffeln oder Schalen füllen und genießen.

Quitten-Tiramisu im Glas

400 g Quitten • 4 EL Rohrzucker
200 ml Apfelsaft
Mark von 1 Vanilleschote
1 Zimtstange • 250 g Mascarpone
100 g Naturjoghurt • 2 EL Honig
1/2 TL Abrieb von 1 Bio-Zitrone
1 Spritzer Zitronensaft
200 ml süße Sahne • 120 g Cantuccini
6 EL Nüsse nach Wahl

Die Quitten küchenfertig vorbereiten und das Fruchtfleisch in Würfel schneiden. Zucker in einer Pfanne karamellisieren. Apfelsaft, Vanillemark und Zimt dazugeben und aufkochen. Solange köcheln, bis sich der Zucker aufgelöst hat. Dann die Quittenwürfel hinzufügen und weich kochen. Alles kurz durchschwenken, die Pfanne vom Herd nehmen und abkühlen lassen.

Mascarpone, Joghurt, Honig, Zitronenabrieb- und Saft zu einer geschmeidigen Creme verrühren. Dann die Sahne steif schlagen und unterheben.

Cantuccini grob zerbröseln und auf vier Gläser verteilen. Darauf die Quitten schichten und den Sud ebenfalls über die Cantuccini geben. Zum Schluss die Creme dazugeben.

Die Gläser 3 bis 4 Stunden im Kühlschrank durchziehen lassen. Mit gehackten und evtl. gerösteten Nüssen bestreut servieren.

Quittenschmarren

Für 2 Portionen

100 g Quittenspalten
1 Zimtstange • 1 Sternanis
2 EL Rohrzucker
Apfelsaft nach Bedarf

Außerdem:
2 Eier • 1 Prise Salz • 150 ml Milch
75 g Weizenmehl Type 405
3 EL Rohrzucker • 2 EL Butter
Puderzucker

Quittenspalten, Zimt, Sternanis und 1 EL Rohrzucker in einem Topf mit Apfelsaft bedeckt so lange köcheln, bis die Früchte gar sind.

Die Eier trennen. Das Eiweiß in einem Rührgefäß mit dem Handmixer steif schla-

gen. Milch, Mehl und Zucker in einer Schüssel verrühren. Eigelb unterrühren, sodass ein glatter Teig entsteht. Dann das Eiweiß unterheben.

Butter in einer beschichteten Pfanne erhitzen, die abgetropften Quittenspalten dazugeben, mit Restzucker bestreuen und karamellisieren lassen. Den Teig gleichmäßig darauf verteilen und bei mittlerer Hitze und abgedeckt ca. 3 bis 4 Minuten backen. Dann wenden und fertig backen.

Den Quittenschmarren mithilfe von zwei Gabeln in Stücke reißen, anrichten und nach Belieben mit Puderzucker bestäuben. Dazu schmeckt Vanilleeis.

Gesund & pflegend

Die Quitte schmeckt nicht nur außerordentlich lecker, auch als Heilmittel zur inneren oder äußerlichen Anwendung leistet sie wertvolle Dienste. Da in den Kernen und Schalen wertvolle Stoffe enthalten sind, sollte man diese nicht entsorgen, sondern weiterverarbeiten. Daraus lässt sich beispielsweise gesundheitsfördernder Tee oder natürliches Hautpflegeöl für die Schönheitspflege herstellen.

Für die Pflegeprodukte werden keine Konservierungsstoffe verwendet, deshalb ist es ganz besonders wichtig sauber und hygienisch zu arbeiten.

Tee aus Quittenkernen

Für 1 Teeglas à 200 ml

Für 1 Portion 2 TL ganze Quittenkerne in einen Topf geben, mit 200 ml kochendem Wasser aufgießen und ca. 5 Minuten köcheln lassen. Dann abseihen, etwas abkühlen lassen, bei Bedarf mit Honig süßen und den Tee in kleinen Schlucken trinken.

Quittentee wirkt gegen Schlaflosigkeit, lindert Husten, Halsschmerzen und Bronchitis.

Tipp: Für den Teeansatz können auch getrocknete Kerne verwendet werden. Die Kerne müssen unbedingt ganz und unverletzt verwendet werden, da sie giftige Blausäure enthalten!

Tee aus Quittenschalen

Für 1 Teeglas à 200 ml

Quittenschalen, die bei einigen Rezepten anfallen, nicht entsorgen, sondern auf Backpapier ausbreiten, bei Raumtemperatur vollständig trocknen lassen. Anschließend im Mörser zerkleinern und in einer luftdichten Dose aufbewahren.

Für 1 Portion Tee 1 TL der vitaminreichen Quittenschalen mit 200 ml kochendem Wasser übergießen. Den Teeansatz abgedeckt 10 Minuten ziehen lassen. Danach abseihen und den Tee genießen. Er schmeckt sehr aromatisch und wer mag, kann den Tee mit Honig süßen.

Der Tee lindert Halsweh, Husten, Heiserkeit und Mandelentzündung, wirkt reinigend und entschlackend, bindet Schadstoffe und entgiftet.

Quittenhonig

Für ca. 250 g Honig

1 Quitte (ca. 200 g)
250 g fester Imkerhonig

Zuerst die Quitte mit einem Tuch abreiben, waschen, vierteln und das Kerngehäuse entfernen. Das Fruchtfleisch in kleine Würfel schneiden. Quittenwürfel mit Honig in ein Glasgefäß schichten. Das Gefäß an einen warmen Ort stellen, sodass der Honig flüssig werden kann.

Nach ca. 4 bis 5 Tagen die Quittenstücke absieben, den Honig in ein Glas abfüllen, gut verschließen und im Kühlschrank aufbewahren.

Dieser wohlschmeckende Quittenhonig hilft den Hustenreiz zu lindern und den Schleim zu lösen. Außerdem wirkt er sich

HOMEMADE
Quittenhonig

stärkend auf den durch die Erkältung geschwächten Körper aus.

Bei Magen- und Darmproblemen soll Quittenhonig ebenfalls sehr hilfreich sein.

Quittenhonig kann auch zum Süßen von Tee verwendet werden.

Quittentinktur

Für 1 »Portion«

Quittenwürfel (ca. 250 g)
Wodka oder Korn (40 vol.-%)

Die wie im Honigrezept küchenfertig vorbereiteten Quittenwürfel in ein Glasgefäß geben, mit Wodka oder Korn auffüllen und verschließen. Mindestens 4 Wochen ziehen lassen. Das Gefäß ab und zu schütteln. Anschließend filtern und in eine dunkle

Flasche abfüllen. Im Kühlschrank gelagert hält sich die Quittentinktur etwa ein Jahr.

Bei Bedarf können bis zu dreimal täglich 1 bis 2 TL eingenommen werden.

Diese Tinktur kann bei Blutarmut und Eisenmangel eingesetzt werden. Auch bei Husten oder Bronchitis kann sie helfen. Außerdem sorgt sie bei einer Magen-Darm-Entzündung, Verdauungsbeschwerden, Sodbrennen und Durchfall für Linderung.

Quitten-Oxymel

Für ca. 2 Flaschen à 300 ml

150 g geschälte und gekochte Quittenwürfel • 450 g Blüten-Honig 150 ml Apfelessig • Gewürze nach Geschmack z. B. Sternanis, Zimt, Gewürznelken, Ingwer, Kurkuma

Oxymel ist bereits seit der Antike bekannt und bedeutet Sauerhonig, denn seine Hauptbestandteile sind Essig und Honig.

Quittenwürfel und Gewürze in ein Weckglas geben. Mit Honig und Essig übergießen und gut vermischen, sodass sich der Honig auflöst. Das Gefäß verschließen und bis zu vier Wochen ziehen lassen. Dann abfiltern und die Flüssigkeit in sauberen, verschließbaren Flaschen aufbewahren. Oxymel ist an einem dunklen, kühlen Ort bis zu einem Jahr haltbar.

Zur Stärkung der Verdauung und des Immunsystems 1 bis 2 EL Oxymel in einer Tasse Tee oder lauwarmem Wasser einnehmen. Als Erfrischungsgetränk wird Oxymel ungefähr im Verhältnis 1:10 mit Wasser oder Mineralwasser verdünnt.

Quittenöl

Für ca. 200 ml Öl

2–3 Quitten
200 ml hochwertiges Olivenöl oder Mandelöl

Quittenöl wird aus dem auf der Schale befindlichen Quittenwachs gewonnen. Diese pflegende Eigenschaft kommt unserer Haut ganz besonders im Herbst und Winter zu Gute.

Für den **Warm-Auszug** die Quittenhaut dünn abschälen. Die Schalen klein schneiden und in ein Einweckglas geben. Dann mit Öl übergießen und die Mischung im Wasserbad bei mittlerer Hitze ca. 1.5 bis 2 Stunden ziehen lassen. Das Öl danach abseihen und in verschließbare Flaschen füllen.

Für den **Kalt-Auszug** klein geschnittene Quittenschalen in ein fest verschließbares Gefäß geben und mit Öl vollständig bedecken. Das Gefäß verschließen und an einem dunklen, kühlen Ort ca. 14 Tage lagern. Dann das Öl abseihen und in eine fest verschließbare Flasche füllen.

Es kann als Pflegeöl oder Basis für andere Kosmetikprodukte verwendet werden.

Quittenkern-Gel

Für ca. 80 ml Gel

1 EL ganze, unverletzte Quittenkerne in ein Glas geben und mit 100 ml kaltem Wasser bedecken. Nach einem Tag entsteht eine geleeartige Masse. Das abgeseihte, in ein Gefäß abgefüllte Gel, ist klar und geruchlos.

Dieses Naturprodukt ist nachhaltig und das nicht nur in der Wirkung. Im Kühlschrank kann es bis zu einer Woche aufbewahrt und verwendet werden. Man kann es aber auch portionsweise in Eiswürfelbehältern einfrieren und bei Bedarf auftauen.

Das Gel lässt sich für verschiedene Zwecke verwenden. Es kann innerlich bei Husten und Halsschmerzen, aber auch bei Magenreizungen angewendet werden.

Äußerlich wirkt das Gel bei rissiger, spröder Haut, Insektenstichen oder einem Sonnenbrand lindernd und kühlend. Auch bei wunden Lippen hilft Quittenkern-Gel und beschleunigt die Heilung.

Zudem eignet sich das Gel auch für eine Haarkur. In Haar und Kopfhaut einmassiert wird es bei schnell fettendem Haar, gegen Schuppen und gereizter Kopfhaut empfohlen.

Bodybutter

Für ca. 200 g

Grundzutaten für die Bodybutter sind 100 ml Quittenöl und 100 g Sheabutter (Bio). Sheabutter ist allergenarm und feuchtigkeitsspendend.

Sheabutter und Quittenöl in ein Glasgefäß geben und im Wasserbad so lange erwärmen, bis die Butter geschmolzen ist. Die Mischung vom Herd nehmen, im Kühlschrank abkühlen lassen, bis sie fest geworden ist.

Nun die Masse mit einem Handrührgerät aufschlagen und in ein sauberes verschließbares Gefäß oder eine Dose mit Deckel abfüllen.

Für einen besonderen Duft kann man einige Tropfen eines ätherischen Öls nach Wahl z. B. Orange oder Vanille zufügen.

Wenn die Bodybutter gleich nach dem Duschen auf die noch feuchte Haut aufgetragen wird, ist die Wirkung hervorragend. Sie macht trockene Haut weich und zart.

Bei Zimmertemperatur ist die Bodybutter ca. 4 Wochen haltbar.

Rezeptverzeichnis

Bildnachweis

Titel- und alle Innenfotos: Barbara Baumann außer Seite 11: Österreichische Nationalbibliothek, Wiener Tacuinum, um 1390; Seite 17, 23, 25: Colourbox.de; Seite 19: 4028mdk09 (CC-BY-SA 3.0 nicht portiert); Seite 29: Manfred Heyde Illustrationen: Christiane Dunkel-Koberg, Lübeck